Jürgen Hembd

# Wie ein Magnet

Gedichte

Herstellung und Verlag: Books on Demand GmbH, Norderstedt,
2007
ISBN: 978-3-8370-1371-9

Ich widme dieses Buch Ingrid Hembd, meiner Frau

# Vorwort

## Wie ein Magnet...

...ziehen uns an

der Kreislauf der Natur,

der Zauber der Musik,

Freundschaft und Zuneigung und Liebe zu anderen Menschen,

Fragen der sinnvollen Gestaltung unserer Lebenswirklichkeit,

Momente der Erinnerung, des Abschiednehmens und Loslassens,

die Nähe zu unserer Heimat,

die Suche nach dem Ewigen...

**...wie ein Magnet,**

uns so schnell nicht loslassend.

Jürgen Hembd, im November 2007

# Frühlingssehnsucht

Lange hat der Schnee gelegen

Nun auf Straßen und auf Wegen

Und klirrend kalt war's auf dem Eis.


Der Himmel strahlte oft in blau,

Doch meistens war er trüb' und grau

Grau war die Erde und auch weiß.


Wir sehnen uns nach erstem Grün,

Nach Blumen, die bald bunt erblüh'n,

Nach Sonne, Tau und Regen.


Wir sehnen uns nach Luft und Licht,

Nach dem Gefühl der Zuversicht -

Wir sehnen uns nach Leben.


(v  2006)

# Frühlingssehnsucht

Text: Jürgen Hembd

Musik und Satz: Fr.-W. Schulze

1. Lan - ge hat der Schnee ge - le - gen nun auf Stras - sen und auf We - gen und klir - rend kalt war's auf dem Eis. Der Him - mel strahl - te oft in blau, doch mei - stens war er trü - be und grau. Grau war die Er - de und auch weiß.

2. Wir seh - nen uns nach er - stem Grün, nach Blu - men, die bald bunt er - blüh'n, nach Son - ne, Tau und Re - gen. Wir seh - nen uns nach Luft und Licht, nach dem Ge - fühl der Zu - ver - sicht. Wir seh - nen uns nach Le - ben.

7

# Adonisröschen

Am Hang – nicht weit – im Odertal

Adonisröschen sonder Zahl

Erfreu'n Dein Auge weit und breit.


Du siehst die gelbe Farbenpracht,

Erstaunt, wie Gott die Welt gemacht,

Genießt die frühe Maienzeit.


Sie blühen unter'm Himmelszelt,

Entfalten pünktlich sich der Welt.

Sie fordern nichts. Es schlägt Dein Herz.


Ach, wär' die Welt ein Friedensreich,

Der Unschuld dieser Blumen gleich,

Kein Tränenmeer so voller Schmerz!

(e 2006)

# Adonisröschen

Text: Jürgen Hernbd

Musik und Satz: F.-W. Schulze

1. Am Hang, nicht weit im O - der - tal, A - do - nis - rös - chen
2. Sie blü - hen un - term Him - mels - zelt, ent - fal - ten pünkt - lich

Son - der - zahl er - freu'n das Au - ge weit und breit. Du
sich zur Welt. Sie for - dern nichts, es schlägt dein Herz. Ach,

siehst die gold - ne Far - ben - pracht er - staunt, wie Gott die
wär die Welt ein Frie - dens - reich, der Un - schuld die - ser

Welt ge - macht, ge - nieß die frü - he Mai - en - zeit
Blu - men gleich: kein Trä - nen - meer so vol - ler Schmerz!

9

# Tulipan

Gelohnt hat sich das Warten!

Es blüh´n im großen Garten

Die Tulpen und Narzissen.


Natur – so unberechenbar,

Doch Uhrwerk auch, das Jahr um Jahr

Die Zeit scheint wohl zu wissen.


Sie dienen uns zum Zeitvertreib

In farbenfroher Heiterkeit,

Erfreuend Herz und Sinn.


Sie lassen uns verstehen

Das Werden und Vergehen

Und wir sind mittendrin.


(e 2006)

# Lob der Musik

Ob jung, ob alt an Jahren,

Oft dürfen wir erfahren

Den Zauber der Musik.


Das Spielen und das Singen

Läßt unsre Seelen schwingen

Gibt Sanftmut dem Gemüt.


Mein Leben lang ich suche schon,

Die Blume – blau - den reinen Ton,

Sie sind mir noch verborgen.


Doch klingt in mir ein kleines Lied,

Das meiner Seele Flügel gibt,

Vergeß ich alle Sorgen!


(v 2006)

## De brevitate vitae – Von der Kürze des Lebens

„Wie steht es mit jenen, die mit der Komposition von Liedern, mit
ihrem Anhören und Lernen beschäftigt sind, während sie ihre
Stimme, deren normalen Ton die Natur sehr schön und höchst
einfach gebildet hat, in die Windungen einer langsam fließenden
Melodie zwängen; die mit ihren Fingern immer Laute von sich
geben, indem sie irgendein Lied in ihrem Innern skandieren; deren
leise Melodien man, wenn sie zu ernsten, häufig sogar zu traurigen
Anlässen herangezogen wurden, ganz
deutlich hört? Diese Menschen haben keine Ruhe, sondern eine
untätige Betriebsamkeit." (Seneca, De brevitate vitae, 14, 4)

Älter werden ist nicht schwer,
Jünger bleiben um so mehr.

Wir leben auf das Ende hin.
Vom Ende erst kommt her der Sinn.

„In der Ruhe liegt die Kraft" –

Die Kraft, die uns Erfolge macht?

Gemeint ist nicht die Langeweile,
So wenig wie der Mensch in Eile!

Wo liegt die Wurzel jener Kraft,
Die uns Elan zum Leben schafft?

Es ist das *Ziel*, das Du erstrebst,
*Wahrhaftigkeit*, die Du erlebst.

Es ist die *Sammlung in Geduld*
Und ein *Bewußtsein frei von Schuld.*

Dich trägt die Kraft, die im *Gebet*
Zu unserm Vater uns entsteht.

Es ist *das Wort*, uns überkommen,
Das Hoffnung spendet allen Frommen.

Dich trösten *Lieder und Gesang*
Und die Musik – ein Leben lang.

Hier irrte selbst ein Seneca,
Der ihren Wert verschmähte, da

Musik zu seinem großen Leid
Uns brächte nur Betriebsamkeit.

So singt des Nachts und auch am Tag,
Singt unserm Gott, bleibt unverzagt!

Selbst die Vögel wollen's zeigen,
Singen fröhlich in den Zweigen.

Und steh'n die Auen dicht mit Korn,
So jauchzt und singt ohn' allen Zorn!

Seid guten Muts, singt einen Psalm
Im tiefen Tal, auf hoher Alm!

In allen Landen singt dem Herrn
Ein neues Lied, er hört es gern.

Ihn laßt uns preisen und auch loben
Ein Leben lang – den Herrn dort oben!

(e  2007)

# Der Schirm der Aufrechten

Bella mia – holde Wonne!
Wo war´s denn gleich – gar an der Somme?

Die Themse war´s – und nicht der Tiber-
Und diese ist mir auch viel lieber!

Die Themse, die da, würzig-mild,
Des Nektars voll vorüberqillt.

An Deinen Ufern unverzagt,
Die Arme keusch ganz fest verhakt,

Entlang am regennassen Kai,
Da schritten schirmgewappnet zwei,

Wo Unterschlupf sich keiner bot,
Noch Mensch, noch Tier in seiner Not.

Selbst heute gar, nach langen Jahren,
Wird niemand je von uns erfahren,

Was nur allein der Schirm vernahm...

...der bald darauf ums Leben kam.


(e 1996)

## Ein Kleeblatt für Angelika

In Irland war's – am Shannonfluß.
Die Landschaft war ein Hochgenuß!

Unser Hausboot – (drei Kabinen)
Mit Oberdeck, oft sonn`beschienen,

War ein Kreuzer, von uns vieren
Wirklich schwer zu manövrieren.

Wenn abends sich die Sonne neigte,
Ein Landungsplatz am Ufer zeigte,

War's Schluß mit unsrer Tagesfahrt,
Bevor die dunkle Nacht genaht.-

Am Landungssteg stand eine Frau,
Die fing im Bogen unser Tau;

Mit leisem Lächeln, hilfsbereit,
Hat sie's am Poller schnell vertäut.

Ein kurzer Dank, ein scheues „Bitte",
Schon war sie weg aus unsrer Mitte.

Wir sah'n ihr nach, wohin sie ging:

Auf's Nachbarboot stieg sie geschwind!-

Nun führte –quer zum Landungssteg-
Ein schnurgerader langer Weg,

Auf dem ich abends ging spazieren.
Den Tag ließ ich Revue passieren.


Als ich zum Boot hinübersah,
Vernahm ich laut und deutlich: „...‚wa"?

Und messerscharf in meinem Sinn,
So kombinierte ich:  Berlin!-


Spontan ward Ihr nun eingeladen
Zu uns an Bord,  Euch dort zu laben

An Keks und Brause – ganz bescheiden.
Von Anfang mochten wir Euch leiden

Und plauderten – ganz ohne Ziel,
Erfreuten uns am Kartenspiel.-


Die nächste Stadt *Athlone* hieß,
Die uns nun Abschied nehmen ließ,

Wo ich ganz plötzlich mit Entzücken
Dich durfte einmal an mich drücken.-


Wir hielten treu und stets *Kontakt*
Und dieser hat bis heut´ geklappt,

Sagt´ ich „Kontakt"?  Dies ist zu wenig;
Denn *Freundschaft* ist bei uns der König!

In Freundschaft sind wir uns verbunden
In schweren und in frohen Stunden.

Wir schau´n nach vorn und auch zurück:

Auf zwanzig Jahre fällt der Blick! –


Zum Ehrentag, zu Deinem Feste,
Wünscht jeder hier Dir nur das Beste,

Das Beste, das, von Tag zu Tag,
Der Himmel Dir bescheren mag:

Wie ein Kleeblatt – dreigeteilt,
Das Glück Dir bringt, alles heilt.

So mag uns Gott mit seinem Segen
Begleiten stets auf unsern Wegen;

Denn was in Irland einst begann,
Soll weitergeh´n – ein Leben lang!


(e 2007)


### Rosemarie


Heut´ genau vor fünfzig Jahren
Hat die Welt erstaunt erfahren,

Daß Mary Rose hier angekommen,
Da deren Schrei man hat vernommen.
Es war die Zeit nicht ohne Not.
Politisch galt die Farbe rot.

Und die Versorgung war noch knapp.
Nicht jeder wurde täglich satt.

Menschen sehnten sich nach Frieden.

War er ihnen denn beschieden?

Vorbei war Deutschlands Traum vom Sieg
(Viel fürchterlicher noch als Krieg!)


Die Welt – seit je ein Jammertal,
Wo Leben würd´ zu oft zur Qual,

Gäb es da nicht am Firmament
Ein Licht, das schlicht sich *Hoffnung* nennt.

Auf dieses Licht darfst Du vertrau´n,
Du kannst es mit den Augen schau´n.

Diese werden hell erstrahlen
Und ich wag´s nicht auszumalen,

Wie warm es in Dein Herz sich senkt,
Dein Tun und Lassen schützend lenkt.


Dies Licht hat Dich begleitet,
Die Wege Dir bereitet

Und Dir in Deinem Streben
Gewährt des Himmels Segen
Was ist ein Leben ohne Traum
In dieser Welt – in Zeit und Raum,

Wo oftmals werden Wünsche wahr,
Vielleicht nicht heut´ - doch über`s Jahr?

Ich sag Dir nun als Freund im Stillen:
Gar mancher Wunsch wird sich erfüllen.

Drum ziehe Deine Straße weiter
Voll Zuversicht – und immer heiter!

(e 2001)


## Rahel

Sie ist von kleinerer Statur,
Selbstbewußt und Frohnatur.
Ihr   Händedruck wirkt stark und mächtig
Ihr Gang entschieden, klackend, kräftig.
Die Stimme fügt sich ein im Chor,
Dringt hörbar musisch an Dein Ohr.
Sie hört Dir zu – ach, wie geduldig,
Und bleibt Dir keine Antwort schuldig.
Auf was sie sagt,  ist stets Verlaß!
Ich sage Euch, es war ein Spaß,
Mit ihr zu zieh´n an einem Strang –
Und war´s auch nur zwei Jahre lang.
Doch ist es alsobald geschehen,
Daß wir so oft uns nicht mehr sehen.-
Wenn es dem Schicksal so gefällt,
Hilft keine Kraft in dieser Welt,
Die Zeit noch einmal zu durchleben,
Weil alle Dinge vorwärts streben.

(Denk an Dein erstes Rendezvous,
Den ersten Kuß, das erste „Du")

Du kannst die Zeit zurück nicht dreh´n,
Das Uhrwerk läuft – und Du mußt geh´n. -

Zum Trost jedoch gibt´s einen Trunk
Und dieser heißt *Erinnerung.*
Die *Zukunft* ist die  e i n e  Zeit,
Die  a n d r e  die *Vergangenheit,*
Auch Teil des Zeitstrahls uns´res Lebens,
Stets sinnvoll, niemals ganz vergebens,
Weil sie uns sagt, wie´s einmal war,
Vor langer Zeit, im letzten Jahr.
Für die Bilanz gibt sie uns Klarheit
Mit oftmals schonungsloser Wahrheit.
Was hat das letzte Jahr gebracht
(Für Dich persönlich) -  Tag und Nacht?
Hat Dich der Schutz so treu begleitet
Der Engel, Dir den Weg bereitet?
Du lebst,  Du liebst,  Du bist gesund.
Du wirst geliebt – nicht ohne Grund!-

Die Welt bereitet uns Verdruß,
Doch glaube nicht, es wär´ jetzt Schluß
Mit dem, was Menschen ständig plagt.
Nun – unbeirrt und unverzagt
Geh´ Deinen Weg mit Zuversicht,
Sieh´ den Gefahren ins Gesicht.
Vertrau auf allen Deinen Wegen

(Ganz einfach so)  auf Gottes Segen!

(e 2002)

## Du und ich und wir

Was schätzt ein Mann an einer Frau?

Die Wesensart samt Körperbau?

Was hat einst mich zu Dir gezogen,
Im Land der Römer, hoch da oben,
Wo auf dem Grat nur sichtbar war
Dein Lächeln und Dein leuchtend Haar?

„Hilf, Romulus! Oh helfe, Remus,
Mich zu nahen dieser Venus,
Um ihr zu sagen –italienisch-
'Amore mio – nicht zu wenig!
O Caro Instant und Spaghetti
Bambinos viele...und Konfetti,
Wie Pavarotti Donizetti
Sing ich ein Lied Dir allegretti!'"

Mit diesen Worten präpariert
Sprach ich touristisch-ungeniert
Und hoffte, daß Du wärst betört,
Hättst meinen Wortschwall Du gehört.

Der Himmel leuchtete azur,
Von Wolken sahst Du keine Spur
Und in mir wallte Hitze auf:
„Oh, Schicksal, komm – nimm´ Deinen Lauf!"

Mit einem Lächeln, ach so mild,
Sprachst Du, der Venus Ebenbild:

„Du hast versucht – in fremder Zunge-
Zu sagen mir, mein guter Junge,
Wie´s um Dein Herz heut´ ist bestellt,
Weil Dir mein Anblick so gefällt.
Doch denke nach und sehe klar:

Die Schönheit weicht von Jahr zu Jahr!

Drum prüfe Dich und frag´ Dein Herz,
Ob´s teilen wolle Freund´ u n d Schmerz
Und mich s o liebt, so wie ich bin
Und nimmt die kleinen Launen hin
Und ´ja´ sagt zu mir allezeit
Trotz Spuren der Vergänglichkeit.“

Du sprachst zu mir (in d e u t s c h e r Sprache),
Zur Sache sprachst Du, und ich lache,
Denk´ ich nur an den Augenblick
So schicksalhaft und voller Glück.
Wie ernst Du sprachst, und wie gesund,
Wie nüchtern und mit gutem Grund!

Vom Gipfel blickten wir ins Land.
Wie eng wir saßen – hart am Rand!

Bambinos haben wir heut zwei
Und Pizzas essen wir für drei.
Nie sang ich Dir wie Pavarotti,
Doch führt´ ich Dich zu Ramazotti.

Wir sind nicht alt und nicht mehr jung
Und schwelgen in Erinnerung
An jene Tage dort am Po,
Die glücklich stimmten uns – und froh.

Wir denken heut´ noch – Hand in Hand
An der Abruzzen weites Land;
Zieh´n unsre Straße, wie gewohnt.

Wohin? Nach vorn – zum Horizont!

(e 1996)

# Liebe

Ich steh´ zu Dir mit Deinen Fehlern

Und nichts wird jemals in mir schmälern

Mein Verlangen nur nach Dir.


Ich achte Dich mit Deinen Stärken

Und Deinem Hang zu guten Werken.

Tiefe Liebe brennt in mir!


(e 2006)

### Blickrichtungen

Betrachten wir heut´ Deutschlands Westen,
So steht´s doch – materiell- zum Besten,
Wogegen nun in Deutschlands Osten
Auf Jahre wird´s noch manches kosten

Zu enden unser Lied der Klage,
Auf daß am Ende dann die Waage
Für beide Teile Gleichstand zeigt
Und Lebensfreude weit und breit.

Die *Einheit* wurde uns geschenkt
Und *Freiheit* – jenes Fundament,
Auf dem das Glück des Menschen ruht,
Sofern er stets das Rechte tut.

Der Mensch lebt nicht vom Brot allein,
Doch muß das Brot verfügbar sein!

Das Leben hier auf dieser Welt
Ist nicht bezahlbar ohne Geld.

Und so geschah´s vor einem Jahr
Und ich erzähl´ Euch, wie es war:

Im fernen Omsk  (Si-bi-ri-en),
Da lebten wohl in schwierigen

Verhältnissen und ohne Lohn,
Mit wenig Brot und kaum noch Strom

Kollegen unsrer Partnerschule
Nicht an der der Panke, an der Wuhle-

Am Irtysch – weit weg in Fernost,
Wo Wind Dich beißt und scharfer Frost.

Ihr Leben wurde recht zur Qual
In einem Land voll Potential.
Und trotz des Viehs auf satten Weiden
Darbten Menschen, mußten leiden.

Wir fragten uns voll Ungeduld:
„Wer ist an der Misere Schuld?
Wo liegt der Fehler im System?
Erkennt man selbst nicht das Problem?

Es brennt die Welt an allen Enden!
Lohnt sich's, denn ständig Hilfe senden
Dort hin, wo Menschen sind in Not
In ihrem Kampf ums täglich Brot?"

Doch jeder Vorwurf, all´ die Fragen,
Die helfen Hilfe nur vertagen!

Hilf hier und jetzt und mit Verstand
Und reich´ dem andern Deine Hand!

So taten wir´s.

Der Tropfen auf den heißen Stein
Grub tief sich ins Bewußtsein ein.
Der Tropfen hat uns eng verbunden
In jenen leidgeprüften Stunden.

Nimm unsre Welt als Dorf, als Stadt,
Die viele kleine Teile hat.
Das Ganze kann nur dann besteh´n,
Wenn sich die Teile gut versteh´n.

Verstehen heißt:   einander kennen
Zusammenfügen -   statt zu trennen,
Brücken bauen, Wege gehen,
Fragen, lernen und verstehen.


Laßt Rußlands Weiten uns besingen,
Geschriebenes zum Klingen bringen!
Laßt uns wie Kinder voll Vertrauen
In jede Himmelsrichtung schauen!


(e 1999)



### Ist Heimat ortsgebunden?

Liegt Heimat dort, wo Du geboren?
Ist´s  jenes Land, das Du verloren,

Von dem nun trennt Dich Raum und Zeit
Wie eine halbe Ewigkeit?

Ist sie das Land, wo einst, vor Jahren,
Die Menschen fürchteten den Zaren?

Ist sie das Land der Diktatoren,
Wo viele hungerten und froren?

Hast Du in jenem Land gewohnt,
So sag´,  was ist es, das sich lohnt

Auf Recht und Freiheit zu verzichten,
Gehorchend Kräften, die vernichten

Dein Leben, Dir von Gott geschenkt,
Von Gott geschenkt, von Ihm gelenkt?

Doch seltsam – trotz der Qualen
Sind wir bereit zu zahlen

Für unsre Heimat hohen Preis,
Weil Heimat ist, wie jeder weiß,

Der Ursprung für das Werden
Der Menschen hier auf Erden.

Sie war Dir nah, als Du warst jung,
Sie bleibt in Dir – Erinnerung:

Das kleine Haus am stillen Fluß,
Die erste Liebe, dann der Kuß.

Der Feldweg hin zum Horizont,
Wo doch der Freund, die Freundin wohnt.

Du hörst die Balalaika klingen
Und Mönche fromm und kehlig singen,

Siehst Sonnenblumen weit und breit,
Sitzt auf der Bank zur Abendzeit;
Du kennst die Not im weiten Land,
Wo mancher kaum noch Nahrung fand,

Wo Menschen andre knechten
Und knechtend sie entrechten,

Bis unverhofft die Zeit der Wende
Dem Zustand machte jäh ein Ende.

Du wolltest bleiben, konntest gehen,

Wolltest wagen und doch stehen

Zu jenen, die Dich treu begleitet,
Den Weg ins Leben Dir bereitet.


Mutters Hand, sie winkte leise,
Segnend Dich und Deine Reise.


Glaubst Du, Dir kann auf Erden
Neuland nun zur Heimat werden?

Hör!


Wo immer Menschen Dir begegnen,
Mit Dir erbitten Gottes Segen,

Wo dessen Spuren fein im Sand
Durchziehen fast das ganze Land,


Wo Christen rund um den Altar
Versammeln sich zum Abendmahl,

Wo Gottes Wort  Dir wird zuteil,
Wirkt neues Leben – Dir zum Heil!


Christus ward im Stall geboren,
Doch wär'n wir allesamt verloren,

Wenn seine Heimat blieb´ der Stall
Und er nicht weltweit überall

Die Menschen würd´ erlösen
Von dunkler Kraft des Bösen.

Letzte Heimat wird Dir werden,
Dir, dem Wanderer auf Erden,

Wie der Schöpfer einst verhieß
Im Himmel  namens „Paradies".

Dies hat in rabenschwarzer Nacht
Der Engel Hirten kundgemacht.

Der Engel möge Dich begleiten
Heute, ...hier,...zu allen Zeiten!

(v 2003)

### Gingkoträume

Symbolhaft ist das Gingkoblatt:

**Zwei Blätter es in einem hat.**

Sie knospen an derselben Stelle,
Sich nährend aus der gleichen Quelle. –

**Zwei Teile hatte unser Land,**

Bis eines dann zum andern fand.

Geteilt war´n  wir wie´s  Gingkoblatt,
Die Wende uns vereinigt hat.

**Vereint sind wir, nicht mehr getrennt,**
Vielleicht einander manchmal fremd,

Nun wächst zusammen ohne Hast,
Was letztlich  d o c h  zusammenpaßt! –


**Ist Freundschaft wie ein Gingkoblatt,**
Das  e i n e  starke Wurzel hat?

Freundschaft – dieser Zauberklang,
Uns begleitend lebenslang!

Liebevoll kann sie empfinden,
Ströme, die uns eng verbinden. –


**Die Welt  und wir – ein Gingkoblatt,**
Das nur gemeinsam Leben hat?!

Das grünt und blüht niemals allein,
Im Miteinander lebt zu zwei´n!


Das Leben ist recht kompliziert,
Weil es verschied`ne  Wege führt,

Die oft nur schwerlich sich vereinen,
Sei´s  im Großen,  sei´s  im Kleinen.


Frieden haben wir zu stiften,
Nichts und niemand zu vergiften!

Was von Schöpferhand erhalten,
Soll´n  getreulich wir verwalten!

Die Schöpferhand uns selbst erschuf,
Sie gab Verstand uns zum Beruf,

Sie gab Vernunft uns, gab uns Namen,
Gab Kraft uns ferner gut zu planen

Jeden  Schritt in unserm Leben,
Gab Sinn erst unserm Streben,

Läßt uns nicht rasten, läßt nicht  ruh´n,
Bis wir, was Gott gefällt, auch tun;

Fragend, was uns nutzt und frommt,
Glaubend, daß doch alles kommt

Von oben her, von Vaterhand,
Die ihren Weg zur Erde fand.-


**Sind Gott und Du ein Gingkoblatt,**
Von dessen Hälften zwei es hat?

Diese Hoffnung soll erfüllen
Dein Herz – Deine Sehnsucht stillen

Und Dir gewähren jenen Traum,
**Dir, dem Blatt am Gingkobaum!**


(v  2004)

# BERLIN

Du stehst vor´m Brandenburger Tor.
Ganz dicht stehst Du davor,
Wo stolz durch seine Mitten
Kam forsch daher geschritten

Der Kaiser einst mit seinen Söhnen,
Die Braunen dann mit schrillen Tönen.
Die Roten haben´s zugemacht
Ganz einfach so – und über Nacht.

Der Kaiser ging, wir sagten´s schon,
Vom Dom zum Schloß, vom Schloß zum Dom.
Europa sank in finstren Krieg,
Berlin, Du weißt, was uns verblieb.

Der Kaiser floh in sein Serail,
Am Himmel düsterte Versailles.
Der Dichter jammerte nach  *E i n e m*,
Der käme, unser Land zu einen.

Das *Volk und auch der Hohe Rat,*
die lechzten nach dem Mann der Tat.
Berlin – wie gern würd´ ich mich irren;
Denn was jetzt kam, war nichts als Wirren!

Der Täter kam, verhieß viel Glück,
Doch nichts als Chaos blieb zurück.
Er sollte bald die Menschen knechten,
Erst knechten, grausam dann entrechten.

Der  E i n e  kam mit seinem Traum
Von Rasse, Volk und Lebensraum.
Vorbei war´s mit der Republik.
Er brach dem Rechtsstaat das Genick.

Das Unrecht wartete nicht lange.
Wem wurde da nicht angst und bange?
Die Welt – die sollte bald erleben
Entsetzlich Krachen, großes Beben.


Fragt bitte nicht, was übrig blieb
Nach dem vereitelt´ deutschen Sieg.
Not war´s – und Herzen, die sich grämten.
Trauer –und Menschen, die sich schämten.


Die Stunde Null, die uns ereilt,
Kreierte Deutschland – viergeteilt.
Berlin – Du lagst in Schutt und Trümmern,
Du hörtest Kinder schuldlos wimmern,
Sahst Menschen –viele- qualvoll sterben
Als Opfer von brutalen Schergen.
Berlin – Du bliebst nicht ungeschoren,
Zertrümmert war´n die vier Sektoren.

Doch in uns wurden Kräfte frei
Und diese halfen uns dabei
Mit Marshall, Airlift und mit Care,
Mit Hoffnung, Mut und noch viel mehr

Mit Zuversicht nun zu gestalten,
Neu aufzubauen, zu verwalten,
Was vorher wild darniederlag
Vor kurzem noch, vor Jahr und Tag.

„Ihr Völker, schaut auf diese Stadt!"
Ernst Reuter dann gerufen hat,
Als unsre Stadt in ihrer Not
Bedrängt war und massiv bedroht.

Die Freiheit wurde uns geschenkt –
Im Westen- ordnend auch gelenkt;
Die Freiheit, die, längst abgestorben,
So heiß ersehnt – und nicht erworben.

Und dann geschah es über Nacht:

Das große Tor ward zugemacht

.

Berlin – Dich trennte jene Mauer,
Die Dich zerschnitt auf lange Dauer.

Wie klingt mir Honecker im Ohr,
Der ´89 und davor
Orakelte: "Ihr werdet seh´n,
Noch lange wird die Mauer steh´n!"

Jedoch, wir wagten stets zu hoffen,
Die *Deutsche Frage* bliebe offen,
So lang das Tor verschlossen war,
Wohl Tag für Tag und Jahr für Jahr.

Zum Glück war Honeckers Orakel
Ein Irrtum nur und ein Debakel.
Der Mann – der hatte sich geirrt.
Am Ende war er schier verwirrt.

Er irrte sich zu unserm Heil
Und hatte doch entscheidend teil
Am Unrecht dort in jenem Land,
Das lange keine Ruhe fand.

So kam die große Zeitenwende
Und mit ihr kam dann auch das Ende
Der Teilung hier in Stadt und Land
Mit Gorbis Hilfe – allerhand!

Berlin – Du vielgeprüfte Stadt,
Die das gewisse Etwas hat,
Die mir in meinem Werdegang
Stets Heimat war – ein Leben lang.

„Berliner" sein, heißt: leben lassen
Andre Klassen, andre Rassen;
Heißt: willig diese Stadt ertragen
An heit´ren und an grauen Tagen.

„Berliner" sein, das ist nicht schwer,
Das wissen Menschen von weit her.
Dein Geist sei offen, auch Dein Ohr,
So wie das Brandenburger Tor.

Erinn´rung hilft nicht zu vergessen

Und Fehler leugnen wär´ vermessen.

Aus Kenntnis der Vergangenheit
Laßt Lehren zieh´n uns alle Zeit!

Laßt mehr uns sein als scheinen
Und Herz und Kopf vereinen
Zu jenem biblisch-ernsten Rat
Und Bestes tun für unsre Stadt!

(e 1990)

# Der Apfel fällt nicht gleich vom Stamm...

Als **N e w t o n**  einst saß unterm Baum,
Versunken tief in Schlafes Traum,
Gab´s plötzlich einen dumpfen Knall!
Vom Blattwerk her – in freiem Fall –

Ein Boskop schnell hernieder saust
Und Newtons Haarpracht arg zerzaust.

„Wohlan", spricht er, „oh, Ihr Gestirne,
Ein Apfel fiel mir auf die Birne.

Wie wunderbar!  Wie schicksalhaft!
Dies Phänomen die Frage schafft:

Warum fällt alles abgrundtief –
So sauber senkrecht – und nicht schief?

Der Apfel fällt nicht weit vom Stamm
Und werf´ ich ihn ganz hoch hinan,
Führt seine Flugbahn alsobald
Zur Erde hin ohn´ Aufenthalt."

Wie staunte er und fragte stumm
Nach einer Antwort auf´s ´Warum´!

So führte Newtons Mißgeschick
Zu einem Kernsatz der Physik.

Zum Abschied...

Ihr habt Physik als Fach studiert.
War´s Newton,  der Euch inspiriert?
Was führte Euch zu ´Mathe´ hin?
Steckt hinter Zahlen tief´rer Sinn?

Ihr lehrtet zählen, messen und addieren,
Teilen und auch subtrahieren.
Vom Morgen bis zu später Stund´
Erklärtet Ihr, der Kreis sei rund.

Vier Ecken habe das Quadrat,
Und waagerecht nennt man Spagat.
Von A nach B sei eine Strecke.
Der Halbkreis sei stets ohne Ecke.

Was lehrt uns eine Wissenschaft?
Ist alles nur **Verstandes**kraft?
Ihr habt gefragt – nicht ohne Grund:
Wie wichtig ist dabei **Vernunft**?

Ihr wolltet wissen, Jahr um Jahr:
Ist, was wir seh´n, auch wirklich wahr?
Wo führt uns unser Leben hin,
Hat es am Ende einen Sinn?

Bei aller Zahlenspielerei
War Lebensweisheit stets dabei.
Gelobt habt Ihr und auch gepriesen,
Habt Menschen ihren Weg gewiesen,

Mit milder Sanftmut kritisiert,
Nach bestem Wissen korrigiert.
Wer hat Euch nicht nach Rat gefragt?
Wem habt Ihr nicht Bescheid gesagt?

Senioren seid Ihr – und doch jung!
So fröhlich, wach und voller Schwung!
Blickt Ihr zurück, tut´s  nicht im Zorn!
Ich bitt´ Euch, blickt getrost nach vorn.

Denkt an die, die Euch vertraut
Und auf Euren Rat gebaut!
Träumt – wie Newton- Eure Träume,

**Meidet aber Apfelbäume!**


(e 1999)

## Vom Loslassen und vom Anfangen

Du siehst ein Bild – bist fasziniert,

Weil Deine Seele tief berührt.

Es ist nicht blau, noch rot, noch gelb,

Was Deine Sinne rasch erhellt –

Es ist der Mischung Farbenfluß,

Der Deinem Auge ist Genuß.

*Konkretes*, Spiegelbild der Welt,

*Abstraktes*, sinnhaft vorgestellt,

Nun...

Die *Kunst* lehrt Dich das scharfe Sehen,

Lehrt Dich, die Dinge zu verstehen,

Und doch mag´s oft Dir gut bekommen,

Siehst Du die Welt auch mal *verschwommen*!

Du liest die Gleichung – bist bedrückt.

Ob Dir die Lösung diesmal glückt?

Ob Minimax, ob Integral,

Ob Kettenregel...welche Qual,

Den Lösungsweg zu finden,

Die Leere überwinden,

Die lähmend Platz greift im Gehirn

Und höhnisch bietet Dir die Stirn:


„Du kannst es nicht," pflegt sie zu sagen,

„Versuch es nur – wirst bald verzagen!"

Und plötzlich – wie von Zauberhand

Schreibst Du die Lösung an die Wand!


Ihr wolltet Menschen prägen

In reich erfülltem Leben.

Wir ahnen schon, was Euch beschwert:

Ihr fragt:   War's denn die Mühe wert?

Gibt's ein verläßlich Resultat

Von all der Arbeit harter Plag?

Wie viel wirkt nach, läßt  sich's ermessen?

Ist morgen alles schon vergessen?

Hört unsern Trost auf Eure Fragen,

Wir wollen ehrlich Antwort wagen:


Was *wir* gelernt im Leben,

Ward *uns* zuerst gegeben

Von *denen*, die es wußten

Und spürten, daß sie mußten

*Uns* vermitteln *ihren* Schatz,

Damit er nehme *in uns* Platz

Und Ziele setze allem Streben,

Erfüllung gebe *unserm* Leben.

Es hieß für Euch nun:   weitersagen!

Verkünden, was Ihr selbst erfahren.

Ihr habt´s versucht mit stetem Fleiß

Und viel Erfolg war Eurer Preis.

Es gab kein Bild aus einem Guß,

Ein Mosaik war´s – Bild im Fluß.

Ihr habt geformt die Jugend

Mit Eurer eignen Tugend!


Ihr laßt nun los, neu zu beginnen.

Unendlich viel könnt Ihr gewinnen!

Ihr fragt:

„Ach Schicksal, sag, ob Du mich führst

Ins Reich, wo Du das Wohlsein spürst?"


Oh, glaubt, es nimmt Euch an die Hand,

Führt Euch in wundersames Land,

Doch vorher gibt´s noch viel zu tun,

Noch ist nicht Zeit sich auszuruhn!


Wir wünschen Euch dazu viel Kraft,

Die Kraft, die Mut zum Leben macht!


(e 2003)

# Am Ende einer Dienstzeit

Du fragst Dich oft im Leben,
Ob das, wonach wir streben,
Die Mühe lohnt und all den Schweiß,
Ob Dir die Arbeit bringt **den** Preis,
Den Du erhoffst – der glücklich macht,
Zufriedenheit in Dir entfacht...

**Stückwerk** ist es, was wir tun,
Meßbar? – schwer; doch höre nun:

Vollkommen ist, wie jeder weiß,
Das Runde nur – der Ring, der Kreis.

Wenn Du nun heute blickst zurück,
Erkennst Du wohl, daß –Stück für Stück-
Dein Kreis sich rundet hin zur Form,
Bis er erreicht dann jene Norm,
Die sichtbar werden läßt die Bahn,
Auf der Du stetig schrittst voran.

Noch bleibt Dein Kreis ein wenig offen.
Dir wachse Kraft, darauf zu hoffen,
Daß sich am Ende alles fügt
Und Deinen Wünschen wohl genügt.

Dir bleibe **Hoffnung** in der Welt,
Die Dir so viele Fragen stellt.

Ich wünsch´ Dir **Glauben** voller Kraft
-Der trage Dich in dunkler Nacht-

Und heitere Gelassenheit,
Ein Leben ohne Einsamkeit,

Und liebe Menschen, heut´ und morgen,
Die mit Dir teilen Deine Sorgen,

Ein Stück weit Deine Wege geh´n,
Dein Leben mit dem Herzen seh´n.

Ein Stück weit sind auch wir gegangen
Und deshalb spür´n wir ein Verlangen
Dir Dank zu sagen und „Glückauf"
Wenn´s Schicksal nimmt nun seinen Lauf.

Dein Rad des Lebens dreht voran
Und führe Dich auf sich´rer Bahn!

(e 1998)

## Zuversicht

„Geh´ aus mein Herz...", so heißt das Lied,
Schau hin, was in der Welt geschieht!

Erbaue Dich am Sonnenstrahl,
Genieß´ den Regen ohne Qual

Und atme tief der Blumen Duft.
Hör´ lächelnd, was der Kuckuck ruft

Und wünsche Dir was für Dein Leben –
Vielleicht wird´s  Dir dann auch gegeben.

Erfreue Dich am Kinderlachen,
Sei dankbar für die kleinen Sachen:

Ein Lächeln und ein zarter Kuß,
Ein Winken und ein lieber Gruß.

Es tragen bei zu Eurem Glück
Ein frohes Lied und die Musik!

Ein gutes Buch, ein Gläschen Wein,
Ein Regenbogen – Sonnenschein. -


In ihrem Hang zum Fragen-Müssen
Begehren Kinder viel zu wissen,

Was Altgeword'ne  sichtbar quält,
Weil ihnen jede Antwort fehlt.

Woher?  Wohin?   Sind solche Fragen.
Wer kann schon wissend Antwort sagen?


**„Heut' noch sind wir hier zu Haus,
Morgen geht's  zum Tor hinaus..."**

Wer wußte je, was ihm geschieht?
Ob Trost ihm spende dieses Lied?

Ob Angst ihm werde zum Begleiter?
Wie alles ginge mit ihm weiter?


Kennt Ihr das Wort, habt Ihr's  im Ranzen,
Vom Apfelbäumchen, das wir pflanzen?

Dem Baum der Hoffnung, der's  vermag
Zu trösten uns von Tag zu Tag?


Wünscht Euch für jede Phase
Des Lebens die Oase,

Die Wasser Euch zur Labung
Gewährt – und dazu Nahrung.

Wehrt dem Jammern und dem Klagen!
Verstumme wimmerndes Verzagen!

Unter´m  Sternenzelt geborgen,
In der Ewigkeit von morgen
Seht Ihr des Himmels fernen Schein.
Nehmt ihn ins Leben mit hinein!

(v 2004)


## Hoffnungsschimmer

Wie gern würd´ ich Dir zum Entzücken
Vom Firmament die Sterne pflücken!

Wie gern würd´ ich auf Deine Fragen
Dir überzeugend Antwort sagen!

Ich würd´ so gern so vieles wissen,
Doch würd´ ich gleichfalls dann vermissen

Jene Neugier, die mich fragend treibt,
Jenen Zweifel, der mit Flügel leiht,

Der mich in Andacht staunen macht,
Mich oftmals quält bei Tag und Nacht!

Wie oft frag´ ich nach letzten Dingen,
Probleme wälzend, so als hingen

Sinn und Kraft nur davon ab,
Ob Wahrheit ich gefunden hab´.


Am Anfang jeder Wissenschaft
Ist es die  F r a g e ,  die entfacht

Das Forschen nach dem Sinn und Zweck
Und uns dazu entdeckt den Weg

Nach vorne hin zum Horizont
Wo scheinbar wohl die Wahrheit wohnt.

Nur das  S t a u n e n  und das  F r a g e n
Können je uns Antwort sagen

Auf vieles, was als rätselhaft
Die Demut hat in uns entfacht.

Und türmt sich auf vor Dir der Berg
Des Zweifels – mache Dich ans Werk!

Die  H o f f n u n g  läßt den Aufstieg wagen
Und gibt uns Kraft nicht zu verzagen.

Such´ Trost in dem, was Dich beglückt
Und schau nicht ständig nur zurück!

Laß lachen uns mit gutem Grund;
Denn Lachen hält uns auch gesund!
Wenn Deine Seele ist betrübt,
Mach´ auf Dein Herz für die Musik!

Ein altes Lied bleibt ewig jung,
Genau wie die Erinnerung

An Schönes, das vergangen ist,
Als Ursprung dessen, was Du bist.

Freude bringt ein gutes Buch,
Von lieben Menschen ein Besuch.

Genieße froh beim Kerzenschein
Ein Gläschen sonn'gereiften Wein!

Und wenn Dich überkommt die Lust,
Dann küsse, wenn Du küssen mußt!

Die  L i e b e  schenkt uns Kraft zur Treue
Und Bindung – Tag für Tag auf's Neue.


Worte sind's – nur Trug und Schaum?


Wie steht's  mit jenem Apfelbaum,

Der Schatten spendet und auch Frucht,
Dem Wandrer, der nach Labung sucht?


Ach, könnt' ich wirklich Dich beglücken,
Geläng' es mir den Stern zu pflücken?


Viel einfacher ist doch der Traum
Von reifer Frucht am Apfelbaum.

Schließ' ihn in Deine Zukunft ein.
Vertrau – sie wird gesegnet sein!

(v  2005)

# Spiegelbilder

Ich stell' mir vor, ich wär' Ovid,
Der Mann aus Rom, der Verseschmied,
Der –in Gedanken oft entrückt-
Hat reimend stets sich ausgedrückt.


Gibt's einen Vers wohl auf die **Zeit**?
Auf's **Leben** – die **Vergangenhei**t?

Bei Licht kannst Du die Dinge fassen,
Im Dunkeln  fühlst Du Dich verlassen.


Wenn's  Wasser kräuselt sich nur mild,
Enthüllt's  vor Dir Dein Spiegelbild.

Doch hilft der Spiegel zu versteh'n,
Wie alles kommt, wohin wir geh'n?

**Was wird im Spiegel reflektiert**?

Die **Wirklichkeit**, die ungeniert
Dir kantenlos entgegenspringt –
Bewegungsgleich und ungeschminkt!

Du siehst Dein Abbild – umgekehrt,
Das traurig sich vor Dir verzehrt,
Das gleichfalls fröhlich lachen kann,
Siehst Du's mit heit'ren Augen an.

Was sichtbar ist –**die erste Schicht**-
Zeigt Dir der Spiegel;  tiefer nicht
Läßt er die Blicke dringen.
Und er verschweigt vor allen Dingen,

Was vormals ist mit Dir gescheh´n.
Auch kannst Du nicht die Zukunft seh´n!
Du siehst die Narben, nicht den Schmerz.
Das Äuß´re siehst Du, nicht das Herz.

Der Spiegel zeigt´s - Du bist schockiert,
Daß Dir die Nacht hat eingraviert
Die Angst vor Krankheit, gar vor Tod
Und Zittern in der Zeit der Not.

Du siehst Dein Bild, noch tief beklommen,
Doch hellt´s sich auf. Du bist entronnen
Der dunklen Nächte finstrer Kraft.

Der Morgen tagt, der Dir nun schafft
Verjüngend Kraft – und Zuversicht.

Der neue Tag schönt Dein Gesicht.
Die Angst verweht und, zaghaft nur,
Erahnst Du vage ihre Spur.

Dem Spiegel fehlt´s an Dimension,
Weil Raum und Zeit –wir sagten´s schon-
Nicht echt und plastisch dargestellt.

Zum Schein nur klar erscheint die Welt.

„Wer bin ich?" fragt verzagt Dein Mund,
„Zeig´ mir der Dinge Hintergrund!
Spieglein, höre doch die Fragen!
Muß ich selbst mir Antwort sagen?"


Ach, lieber Freund, frag´doch Ovid,
Ob´s manchmal **doch** geschieht,
Daß solch ein Spiegel reden kann,
Stehst Du davor und siehst ihn an.

Frag´ doch Ovid am heut´gen Tag
Und  lausch´, was er Dir sagen mag.

Vielleicht spricht er mit sanftem Blick:

„Wie schön, mein Freund, daß es Dich gibt!"

(e 1996)

# Lebensstationen

Ich stell' mir vor, ich wäre - Ihr.
Dann ging's Euch grade so wie mir.

Wir wären **dreißig** Jahre jung.
Noch frisch wär' die Erinnerung

An erste Liebe, Abitur,
An Fragen wie: ´Was werd' ich nur ?´

An jenes Haus, die Alma Mater,
Den Herrn Professor (Übervater!),

An Paukerei für das Examen
Und unschwer ließe sich erahnen,

Daß Studium und Plackerei
Sind allemal noch nicht vorbei.

Du nennst Dich nun Re-fe-ren-dar,
Bist ausgesetzt für's Doppeljahr

Denen, die nichts zu wissen scheinen
Und jenen, die's zu wissen meinen.

Geh' Deinen Weg – und lern' dazu.
Sag ´ja´ zu Dir – und **bleibe DU!**

Das Leben scheint oft wie ein Spiel.
Gewinn's! Dies stecke Dir zum Ziel!

Und wär'n wir **vierzig** Jahre alt
-In Amt und Würden wohlbestallt-

Dann sähen wir ganz stillvergnügt,
Wie vieles sich so wohl gefügt.

Nicht nur in unserm Vaterland,
Vielmehr in des Berufes Stand!

*Erfahrung* wäre uns Begleiter
*Karriere* Ziel der Stufenleiter.

Wenn Eltern ihre Nöte schildern,
So glauben wir in ihren Bildern

Die eignen Kinder dann zu seh´n –
Weshalb so gut wir sie versteh´n.

Du hast gebaut Dein Haus, Dein Nest.
*Erfolge* feierst Du als Fest.

Voll Zuversicht schaust Du nach vorn
Und kaum zurück so voller Zorn.


Mit **fünfzig** bist Du noch in Form.
*Gewohnheit* wird nun leicht zur Norm

Und manchmal spürst Du in der Stille
*Enttäuschung* als recht herbe Pille.

Du läßt bald los, was Du gehalten.
Mit starker Macht woll´n frisch gestalten

Die eignen Kinder jetzt ihr Leben
In ungestümem, wildem Streben.

Doch ist´s nicht gegen Dich gerichtet,
Sie sind nur der Natur verpflichtet!

Und läßt Du los mit viel Geschick,
Gewinnst Du doppelt schnell zurück!

Du brauchst mehr Zeit um auszuruh´n
Und glaubst, Beruf und täglich Tun

Geh´n ständig schwerer von der Hand.
Und auch Dein Spieg´lein an der Wand

Verkündet Dir der Jahre Wahrheit
Recht unerbittlich und mit Klarheit.

Doch höre niemals auf zu träumen
Von fernen Zeiten, weiten Räumen!


Mit **sechzig** hast Du lang gelebt.
Hast Du erreicht, was Du erstrebt?

Was Du geleistet, bleibt Fragment!
Du blickst hinauf zum Firmament

Und fragst: „Was gilt es zu erstreben?
Was ist erreichbar hier im Leben?

Die blaue Blume ist verschwunden,
Hab´ sie gesucht – und nicht gefunden!"


„Du  h a s t  gesucht," die Stimme spricht,
„Den reinen Ton, das helle Licht.

Merk:  Deine  S u c h e , das ist richtig,
W a r  die Essenz – und  d a s  ist wichtig!

Zieh´ Dich zurück und lebe weiter
Stund´ für Stund´ - und immer heiter.

Freu´ Dich des Lebens Zug um Zug
Und leer´ den Becher, leer´ den Krug!"

Ein Volkslied sagt, drei Dinge fein,
Die sollen Teil des Lebens sein:

**Musik**, die uns zu Herzen geht
Der **Wein**, der auf der Rebe steht

Ein Lächeln auf dem Rosenmund,
Der **Liebe** haucht und tut sie kund.

„Zehr´ Dich nicht auf in blinden Sorgen!
Hab´ keine Angst vor dem, was morgen

Womöglich werde Dir zuteil.

**Ich bin bei Dir!
Zu Deinem Heil!“**

(e 2000)

## Zufall oder Plan?

Die Welt – entstanden einst im Urknall?
Von Gott geschaffen? Bloßer Zufall?

Gab´s einen Schöpfer und Erfinder.
Der Tiere schuf und Menschenkinder?

Der Masse knetete zur Form,
Der Odem gab uns – und die Norm?

Der Vögel zwitschern läßt und singen,
Sie fliegen lehrt auf weiten Schwingen?

Der Fischen Kraft gibt tief zu tauchen,
Wobei sie wenig Luft nur brauchen?

Der allen Menschen weit und breit
Die Sinne gab –um jederzeit

Die Reize unsrer Wunderwelt
Auf Erden und am Himmelszelt

Wahrzunehmen, zu bestaunen,
Dankbar, andachtsvoll zu raunen:

„Durch  m i c h  bin  i c h  n i c h t - nur durch  D i c h!
Doch hör´ mir zu und, bitte, sprich!

Wo komm´ ich her, wo zieh´ ich hin?
Woher bezieht mein Leben seinen Sinn?"

Ich weiß...

...Du sollst von Gott kein Bild Dir machen,
Vergleichbar allen jenen Sachen,

Die wir seit jeher kennen schon,

Ist er von andrer Dimension –

So unvorstellbar tief und weit
Und ungeahnt in Raum und Zeit,

Daß niemals unsre Sehnsucht stillt
(Und Wißbegier) von ihm ein Bild.


Und doch..

Trotz jener andren Dimension
Sprech´ ich zu Gott wie zur Person,

Die mich und meine Stimme kennt
Und mich sogar ihr Eigen nennt.

Ich glaub´ Sein Kraftfeld oft zu spüren,
Glaub´ Ihn mein Schicksalsrad berühren!


Zwar weiß ich´s nicht, doch will ich trauen
*Hier* glaubend Ihn *dort* einst zu schauen.

Stell Dir vor...

Du stehst am Meer, dort vorn am Strand
Und siehst die Wasser, siehst kein Land.

Doch weißt Du: hinter´m Horizont
I s t Land (da D u dort schon gewohnt).

Der Horizont ist weit da vorn,
Ist Trugbild nur, nur Illusion.

Nie kannst Du ihn erreichen,
Stets wird er von Dir weichen.

# Drum...

Gibt es mehr als wie wir seh´n.
Wir wissen dies. Und wir versteh´n

Daß andrerseits manch´ Gaukelei
Ist mit im Spiel und stets dabei.

*Begrenzung* und *unendlich weit*,
*Allmächtig* und auch *Ewigkeit*

-Unglaublich, nicht zu fassen-
Sind Wörter, die nicht lassen

Begreifen und erkennen
Den Sinn, den sie benennen.

So plagen wir uns immerdar
Mit jener Frage:   Was ist wahr?

Ist Glaube so wie glitzernd Eis,
Das hinschmilzt,  wird´s  erst richtig heiß?

Ob´s  Eis mich trägt? Ob es jetzt bricht?
Ob`s  aushält mich und mein Gewicht?

Es gilt:

Der Glaube braucht ein Fundament,
Das gegen Hitze resistent!

Zum Schluß:

Das Fragen läßt uns keine Ruh´,
Doch raunt´s  uns nicht von oben zu,

Versöhnlich, ruhig, tröstend, leise:

„Dein Leben ist wie eine Reise

Von hier ganz weit nach Unbekannt,
In fremdes und doch schönes Land,

Wo`s Dir gefällt – ich ah`n es schon-
Im Paradies – mit Vollpension!"

(v 1997)


## Übergänge

Spür´ ich dereinst mein Ende,

So hebe ich die Hände

Auf zum unsichtbaren Herrn.

Mein Engel mich begleite,

Die Seele schützend leite

Hin zum unerforschten Stern.

Hab´ Leben hier gestaltet,

Mein reiches Glück verwaltet,

Bin erfüllt mit Dankbarkeit.

Und jenen, die ich liebe,

Wünsch´ ich, daß Gott beschiede

Eine traumerfüllte Zeit.


So sei nun Eure Trauer

Nicht allzu lang von Dauer,

Allen ist der Weg doch gleich!


Es bleibt, was uns verbindet!

Es gilt, was uns verkündet:

Hoffnung ist das Himmelreich!


(e 2006)

# Nachwort

Ich danke **Andreas Hembd**, unserm Sohn, für seine geduldige Mithilfe am Computer bei der Drucklegung dieses kleinen Buches und für seinen Ansporn, auf daß ich mein Vorhaben verwirklichte.

Gleichfalls danke ich **Friedrich-**Wilhelm **Schulze**, meinem Kantor, der mich mehrfach herausgefordert hat ihm Textvorlagen zur Vertonung zu liefern, die er dann musikalisch umgesetzt hat.

Und ohne meine Trainer beim Caritas-Seniorenprogramm, die mir nach meiner Pensionierung erste Kenntnisse im Umgang mit dem PC vermittelt haben, hätte ich meine Pläne niemals realisieren können.

Jürgen Hembd

# Inhaltsverzeichnis